Shayara Ki Batein

soulful thoughts

Dr.Manvi Gupta

BookLeaf Publishing

India | USA | UK

Made with ❤ on the BookLeaf Publishing Platform
www.bookleafpub.in
www.bookleafpub.com

Dedication

With all my love ,i dedicate my 1st ever book to my soulmate "kartik", to my wonderful parents "Mukesh and Manjula" my brother "Nikhil" and to my naughty kids "Krishiv and Vedakshi"

Preface

This book is all about finding lost love.The author is trying to make the readers believe in true love stories with her unique shayaris. This book is perfect for the romantic, disheartened or abandoned lovers. She tried to show soulful and beautiful connections in relationships by her colourful thoughts and imaginations. She loved writing since childhood but never took herself seriously. Then she again got the inspiration from someone who unknowingly made her realize about her hidden talent of writing in much lowest phase of her life. Now she is here sharing her first book with readers. The content of the book is nothing related to her but a fiction.

Acknowledgements

I would like to acknowledge the bookleaf publishing house for providing this great opportunity for the new writers or authors to come forward and share their talent on a big platform.

I am really thankful to all my people especially my family as without them i would not be able to complete this book. They have shown immense trust and support in me.

Naa jaane

Na jaane kyu khwaishe laga baithe hum
Unhone to khwab dekha hi nai

Na jaane kyu dil laga baithe hum
Unhone to ek nazar dekha bi nai

Jin dil ki gehraiyon se chaaha tha humne
Unhone wo mehsoos kiya hi nai

Bewafaa hone ka bi kaise ilzaam lagate unpar
Unhone wafa ka waada kabhi kiya hi nai

Hamari mohabbat ek tarfa thi shayad
Unhone to izhaar kabhi kiya hi nai..

ummeed

Ek din hui ummeed se mulaqaat
Boli dekh, mai aayi hu tere pas
Mat ho tu itna niraash
Badha le mujhse dosti ka hath

Ho jaega sab thik, tu rakh mujhe apne sath
Duniya jeet jaega tu,nai hone dungi tujhe hatash

Kar jaate hai wo dariya bi paar
Jinke sirr par hai"ummeed ka hath"...

kashmakash

Uske siva koi aur dikhta nai..
Uske jesa koi aur milta nai..

kese manau use..!
Baat wo meri maanta nai...

Wo jahan bi ho..hoga mera hi
Ki uske bina ye dil lagta nai..

Uske siva koi aur dikhta nai..
Uske bina mujhe kuch bi gawara nai

Wo paas ho to koi parvah nai
Door ho to jeene ki wajah hi nai...!

mere nahi

Ajab berukhi hai...

Mere ho..phir bhi mere nai

Paas ho..phir bhi sath nai

Dil me ho..kismat me nai

Nazron me ho..magar samne nai

Hatho me to ho..magar lakeeron me nai..

dor

Tu aashiq hai,mai aashiqui teri
Tu sapna hai,mai haqeeqat teri

Tu raah hai,mai manzil teri
Tu saaya hai,mai parchai teri

Tu suraj hai,mai roshni teri
Tu pagal hai,mai deewani teri

Tu krishna hai,mai radha teri
Tu sagar hai,mai ganga teri

Tu saaz hai,mai raagini teri
Tu sath hai,mai sangini teri

Tu badal hai,mai bauchar teri
Tu mehak hai,mai khusbhoo teri

Tu intezaar hai,mai mulaqaat teri
Tu fitoor hai,mai mohabbat teri

jhooth

Do pal baithe bhi nai
aur door tak chalne ki baat karte the

Hath pakda bhi nai
aur sath dene ki baat karte the

Ek bar manaya bhi nai
aur duniya se ladne ki baat kaarte the

Ye wo shaks hai
Jo mere hue hi nai
aur mere liye jaan dene
ki baat karte the..!!

zindagi kya hai..?

Zindagi kya hai?
koi nai jaanta

kabhi sab kuch hai iss pal me
kabhi kuch paane ki khwaish kiye jaa rahe hain

kabhi raatein hain bechaini bhari
kabhi ujale ki ummeed kiye jaa rahe hain

kabhi paheli hai ye uljhi hui
kabhi suljhane ki koshish kiye jaa rahe hain

kabhi badal hai ye dukho ka
kabhi hass kar barishon me bheege jaa rahe hain

kabhi pura hota khwab hai ye
kabhi adhoori khwaisho me simte jaa rahe hain

kabhi khulta hua raaz hai ye
kabhi puchta hua sawaal hai ye

kabhi khamoshi ki awaaz hai ye
kabhi goojta hua raag hai ye
kabhi jo khatam na hoti
Wo ek talaash hai ye...

Zindagi kya hai
koi nai janta...

mukadma

Uski mohabbat ke liye hum apno se lade
To duniya ne hume mujrim karaar kar dia

Ilzam laga kar hum par
Hume kathghare me khada kar dia

Sabne doshi thehraya hume
Humne haskar zulm kabool kar lia

Magar uski bekadri dekho janab...

Usi ne humare sath sazish kar
Hamari sachhai ko jhoota bayaan kar dia...!

yun hi nai..

Yun hi nai hume dekh kar muskuraye the wo
kuch mehsoos to unhe hua hoga

Yun hi nai raaton ko jaage the hum
sapno me unhone hume dekha to hoga

Yun hi nai aankho me aansu aate the
kuch dil to unka bi roya hoga

Yun hi nai dard me jaan nikli thi hamari
koi zakhm to unka bi ubhra hoga...

kyu..?

Zindagi me junoon hai
magar...
Kyu? maut me sukoon hai

Shayad thak gaya hu inn raston se
kuchh der theher jaane ka mann hai

Har mod par kuch gawaya hai maine
Use haasil karne ka mann hai

Manzil ki daud me bhaagte hi rahe
Unn lamho me jeene ka mann hai

Sapne jo adhure reh gaye the
Unhe pura karne ka mann hai

Jo din guzar gaye bechaini me
Unme raahat paane ka mann hai

Ab kuch der theher jaane ka mann hai...!

Sach

Guroor tha mujhe apni kismat par
Har pyari chiz par apna hakk lagta tha
Har khwab tab saccha sa lagta tha

Zindagi jese muskurati thi
Har roz naya sapna sajati thi

Magar ek din taqdeer ne mud mod lia
Naaz tha jinpar,unhone hume hi chhor dia

Ab har badshah bhi gulaam nikla
Har hakeekat ek chalawa nikla
Har apna begana nikla

Ab koi naaz nai,khushi hai iss bat ki
Jo mera tha,mera hi raha
jo choot gya uski koi baat nai...

Ab sabak hai ye sikh lia
ki dukho ko bhi sar aankhon par baitha lia...

bewafa

Intezaar to kar hi raha tha tera
Ek jagah theher ke
Phir kyu bhatka dia mujhe
kisi mod par milne ka waada karke..

Teri saari sharte kubooli thi humne
Tujhe apna khuda maana tha
Phir kyu kisi aur se dil laga lia
Humse mohabbat ka waada karke..

Teri manzil ko apna maana tha
Tujhe apna ghar banaya tha
Phir kyu akela kar dia mujhe
Mere sath safar ka waada karke..

jazbaat

Pehle tum muskuraya karte the
Ab humse khafa se lagte ho..

Zindagi ke iss safar me
Ab juda se lagte ho

Kya badal gaye ho tum ab?
Ki raaz ab humse chupate ho..

Kya dil ki batein khatam ho gyi?
Ya alfaazo ko zubaan nai milti..

Nazron se sab bayan kar dete the
Ab nigahein bhi nai milate ho..

Kya mit gayi hai mohabbat tumhari?
Jo nigahein humse churate ho..

Door hone se darte the kabhi
Ab hum se hi anjaane bante ho

Mere hi ho na tum?
Phir kyu ab ajnabi se lagte ho..

Jo waqt tha sath bitaya..
Kya usi ko bhool jate ho.?
ya jo batein kahi thi mujhse..
Kisi aur ko keh aate ho..!

Hum to ab bhi hai tere apne
Phir tum kyu gairo se bante ho..
Tum kyu badalte jaate ho...!

Laut aao na

Hamari kahani ko
Adhura chhod gaye ho tum..
Jo sapne dekhe the milkar
Unhe tod gaye ho tum..

Din ke ujaalo se,raat ke andheron se
Puch kar thak gyi hu ab
Laut aao na, kahan ho tum..?

Khamoshiyon se awaazein aati thi..
Tumhare paas hone ka ehsaas karati thi..
magar ab ehsaas bi tham gaye h
kyu inn aankho ko tarsa rahe ho tum..!
Samne aao na, kahan chupe ho tum..?

Darr lagta hai ab mujhko
ki yadein dhundli si hoti jaa rahi hain
Kya yaad tumhe bi aati hai meri?
Ya behad mashroof ho gaye ho tum..!

Mai saans me hu tumhari
mujhe kese rok paoge
Mai dhadkan hu tumhari
Mujhe kese juda kar paoge
Ab chhod bi do ye zidd tumhari
Laut aao na, kis baat se roothe ho tum..?

Ek awaaz do mujhe
mai sab chhod kar aajaungi
Mujhe bhool bata do meri
mai kadmo me bichh jaungi

Hamari kahani ko pura kar jao na tum
Sapne phir wahi dikhao na tum
khadi hu ab bi wahi
jahan chhod gaye the tum
Intezaar hai ab bs...
Laut aao na, kahan reh gaye ho tum..?

Ganga sagar

Ishq ho to ganga ke jesa...

Chahe kitni rukawatein aayi
har chattan se hokar
Wo sirf sagar me hi samayi..

Na pahad jhuka sake use
Na lehren rok saki
har mushkil ko paar kar
Wo apne sagar se milne aayi..

Aitbar ho to sagar ke jaisa...

jiski gehraiyon me bas wafai ho
Sirf Ganga ka intezaar ho
Na shikwa,na koi sawal ho

Wo mil jaye,yehi uski dua ho
Jise har pal ek hi khayal ho
Ganga ka har katra uski panaho me ho
Manzil par gangasagar bahon me ho...

khuda

Humne unse dil manga
Unhone hume dhadkan bana lia

Humne unka sath maanga
Unhone hume duniya bana lia

Humne unse kuch saansein maangi
Unhone hume dil me basa lia

Humne unse ek pal manga
Unhone hume saaya bana lia

Humne maangi thi chhao unse
Unhone apna aasmaan de dia

Humne hath maanga tha unse
Unhone hume naseeb bana lia

Chand khushiyan maangi thi jumne
Unhone apna ek gam tak nai dia

Humne unki mohabbat maangi
Unhone hume hi khuda bana lia...

ek rishta

Tu kitaab hai meri
Mai tujhe roz padhti hu
Tera har lafz meri rooh me utar jata ha

Tu shayar hai mera
Mai teri shayari si lagti hu
Tera har alfaaz meri kahani bayan karta hai

Tu chandan hai mera
Mai teri khushboo si lagti hu
Tere aane se mera ghar aangan mehekta hai

Tu suraj h mera
Mai teri roshni si lagti hu
Tere ek ujaale se mera mann khil jata hai

Tu geet hai mera
Mai teri ghazal si lagti hun
Teri awaaz se meri bechaini ko araam mil jata hai..

Tu kitaab hai meri
mai tujhe roz padhti hu...

apna banao na

Jo unkahi si hai dil me tumhare
Wo batein humein batao na..

Jo mehsoos karte ho mere liye
Wo ehsaas hume jatao na..

Jo khwab dekhte ho raaton me
Unme hume bi bulao na..

Jo dabi si hai baat zuban pe
Wo raaz khol jaao na..

Khamosh hai labb to kya hua
Dhadkano se kahani sunao na..

Jo kehne se ghabrate ho humse
Wo ishaaro me samjhao na..

Agar karte ho mohabbat humse
To hume apna ab banao na...

kabhi tum nai..kabhi hum nai..

Pyar ke lamhe kam nai the
Kabhi tum nai the
Kabhi hum nai the

Safar me dono chal rahe the
Par kabhi tum sath nai the
Kabhi hum sath nai the

Kismat ka khel tha shayad
ya waqt ki saazish thi koi
Kabhi tum paas nai the
Kabhi hum paas nai the

Mohabbat me tum jaan dete the
Har saans me hum tumhara naam lete the
Bewafaa tum nai the
Bewafaa hum bhi nai the

Pyar ke lamhe kam nai the

Kabhi tum nai the
Kabhi hum nai the...

25

ilzaam

Gunaah tumhara tha
Saza hume mili..

Chot tumhari thi
Dard hume mila..

Rasta tumhara tha..
Veeraniya hume mili..

Khushiyan tumhari thi
Bebasi hume mili..

Azadi tumhari thi
Kaid hume mili..

Mehfil tumhari thi
Tanhai hume mili..

Mohabbat tumhari thi
Har zakhm hume mila..

Khata tumhari thi
Aansu hume mile..

Phool tumhare the..
Kaante hume mile.

Phir Begunah hokar tum chal diye the..
Aur duniya ke ilzaam hume mile...

Ek nayi shuruaat

Haste hai ab hum
Unn lamho ko yad kar ke
Jo kabhi rone par majboor karte the
Aaj wo bas ek guzra hua pal lagte hai
Ateet ka mita hua panna lagte hai
Zindagi ka ek adhura kissa lagte hai

Ab chal diye hai naye raston par
Purane zakhmo ka hisaab chukta kar
Beete palo ka bojha utar kar
Jo chala gaya,wo lautega nai
Ab jeena hai khud ko sawar kar

Na aage ki fikra hai
Na piche ka darr
Har subh hogi ab ek naya safar
Har din hogi ek nayi umeed
Dil kahega ,ab chalo bekhabar...

Ab chalo bekhabar...!